Pappmaché kugelrund

Die Zeitung von gestern muss nicht gleich zum Altpapier. Jetzt können Sie ihr mit Luftballons, etwas Tapetenkleister und Farbe neuen Schwung geben und liebenswerte Pappkameraden zum Leben erwecken.

Diese kugelrunden Kerlchen sind nicht nur witzig anzusehen, sondern auch richtig nützlich: zum Beispiel als CD-Ständer, als Süßigkeiten-Schale oder als kleines Pflanzeimerchen. Besonders gut lassen sich auch geräumige Spardosen herstellen - bei so preisgünstigen Materialien fällt dann das Befüllen besonders leicht!

Die Pappmaché-Technik ist unkompliziert und auch von kleinen Händen schnell zu lernen. Sie bietet viele Möglichkeiten für neue, eigene Ideen. So wird Altpapier zum Wertpapier!

Viel Spaß mit den kugelrunden Gesellen!

Claudia Horn

IHRE GRUNDAUS-STATTUNG

Diese Materialien und Werkzeuge sollten Sie zur Hand haben, da sie häufig verwendet werden. Weitere Materialien und genaue Maßangaben sind in den einzelnen Materiallisten aufgeführt.

- Kopierpapier (Vorlagen übertragen)
- Luftballons
- Zeitungspapier
- Tapetenkleister
- lufttrocknende Modelliermasse
- reißfester Nähfaden
- weicher Bleistift
- Radiergummi
- Pinsel in verschiedenen Stärken
- Acrylfarbe
- wasserfester Filzstift oder Permanentmarker in Schwarz
- Sprühlack
- UHU Alleskleber kraft
- Wasserglas und Mischpalette (oder Pappteller)
- große und kleine, spitze Schere
- Modellierwerkzeuge, z. B. Schaschlikstäbchen und Zahnstocher
- scharfes Küchenmesser
- Akku- oder Handbohrer

Materialien und Hilfsmittel

Luftballons

Für sämtliche Figuren werden Luftballons in verschiedenen Größen und Formen benötigt. Diese werden bis zum angegebenen Umfang aufgeblasen und anschließend in mehreren Lagen mit Zeitungspapier beklebt. Die stabilen Papierballons bilden die Grundform für jedes Modell. Sie werden im folgenden sowie in den Beschreibungen „Rohling“ genannt.

Zeitungspapier

Es wird in Stücke oder Streifen gerissen und zum Anfertigen der Rohlinge und anderer Formen sowie zum Kaschieren von Klebenähten verwendet. Es kann für einzelne Teile einer Figur auch in eine bestimmte Form geknüllt und mit einem reißfesten Nähfaden straff umwickelt werden.

Tapetenkleister

Mit dem Kleister werden die Zeitungspapierschnipsel auf den Ballon geklebt. Aus den Papierschnipseln und Tapetenkleister werden auch die einzelnen Elemente einer Figur zusammengesetzt. So gibt es keine sichtbaren Klebenähte und die Figur wird sehr stabil. Den Tapetenkleister nach Herstellerangaben anrühren.

Styroporformen

Sie werden zuerst mit einer Lage Zeitungspapier beklebt, damit man sie bemalen und an andere Teile der Figur ankleben kann.

Lufttrocknende Modelliermasse

Bei einzelnen Modellen wird sie benötigt, um verschiedene Details (z. B. Hände und Füße) herzustellen. Sie lässt sich leicht verarbeiten und muss nicht gebrannt werden, da sie vollständig an der Luft trocknet. Nach dem Trocknen werden die Elemente mit Kraftkleber an die Figur geklebt. Um weichere Übergänge an den Verbindungsstellen zu erhalten, einfach etwas Zeitungspapier darüber kleben. Achtung! Beim

Arbeiten mit Modelliermasse immer eine geeignete Arbeitsunterlage verwenden und fusselnde Kleidungsstücke sowie haarende Haustiere auf Abstand halten!

So geht's

Papierrohling herstellen

1 Einen Luftballon auf die gewünschte Größe aufblasen und mit einem Knoten verschließen.

2 Das Zeitungspapier in ca. 4 cm x 4 cm große Stücke reißen und mit Tapetenkleister auf den Ballon kleben. Dabei die Papierstücke überlappen lassen und den Verschluss des Ballons aussparen. In dieser Weise fünf Schichten Papier aufkleben. Den beklebten Ballon vollständig trocknen lassen, am besten über Nacht (Abb. 1).

3 Wenn das Papier vollständig trocken ist, den Ballon am Verschluss gut festhalten und mit einer Schere ein kleines Loch unterhalb des Knotens hineinschneiden. Die Luft entweicht nun und der Ballon löst sich innen vom Papier. Sobald die ganze Luft entwichen ist, den leeren Ballon durch die Aussparung um den Verschluss herausnehmen.

4 Das Loch nun mit einigen Papierstücken überkleben und so verschließen.

1

Vorlagen übertragen

Das Kopierpapier mit der beschichteten Seite nach unten und darüber die Vorlage – entweder im Original, als Kopie oder auf Transparentpapier abgepaust – auf den Rohling legen, gut andrücken, mit Klebefilmstreifen fixieren und die Konturen mit einem weichen Bleistift nachziehen.

Modellieren von Körper- und Kleidungsteilen

Beine und Hosen

Einen Streifen Zeitungspapier in der gewünschten Länge mit Tapetenkleister zu einer Rolle zusammenkleben. Die Breite des Papierstreifens ergibt dabei die Höhe des späteren Beines. Die Papierrolle mit kurzen Zeitungspapierstreifen (ca. 1 cm x 4 cm) und Tapetenkleister am Papierballon befestigen. Die durch die Krümmung des Ballons entstehenden Lücken mit kleinen Papierstücken überkleben. Nun drei weitere Lagen Zeitungspapier aufkleben und alles gut trocknen lassen (Abb. 2).

2

Ärmel

Aus Zeitungspapier je nach Modell eine Röhre oder einen Trichter kleben (Abb. 2). Dabei ein Ende der Röhre schräg abschneiden, sodass sie im gewünschten Winkel an die Figur angesetzt werden kann. Die angeschrägte Röhre mit Tapetenkleister oder einigen Tropfen Kraftkleber am Körper der Figur fixieren.

Anschließend zwei bis drei Lagen Papier auf den Ansatz und die ganze Röhre aufkleben, bis ein stabiler Ärmel entstanden ist.

Kleidung

Mit der folgenden Technik lassen sich ganz einfach plastisch wirkende Jackenabschlüsse, Kragen und Hosenbeinränder herstellen.

Die Ränder der Kleidung (siehe z. B. Gärtner, Seite 7 und Clown, Seite 1 und 5) auf den Rohling aufzeichnen. Einen Papierstreifen (ca. 4 cm breit) in der benötigten Länge entlang der Linien aufkleben, die als Kleiderkanten modelliert werden sollen. Dabei jedoch nur auf einer Breite von ca. 2 cm Tapetenkleister auftragen, sodass ein etwa 2 cm breiter Papierrand in Form der Kleiderkanten entsteht. Diesen Rand nun mit Papierstücken umkleben und verstärken. Auf diese Weise entsteht eine stabile Kante, die ca. 5 mm bis 1 cm vom Rohling absteht (Seite 3, Abb. 2). Sie wird später zusammen mit dem Rohling bemalt.

Haare, Mähne und Wimpern

Das Zeitungspapier in ca. 5 cm x 4 cm große Stücke schneiden. Diese Stücke quer im Abstand von 3 mm bis 4 mm einschneiden, dabei auf einer Seite einen ca. 1 cm breiten Kleberand lassen (Abb. 3 und 4). Diese Papierstücke in zwei bis drei Lagen an den Kleberändern auf den Rohling kleben. Die Fransen vorsichtig mit Tapetenkleister bestreichen, mit den Fingern etwas zerknüllen und in Form drücken.

3

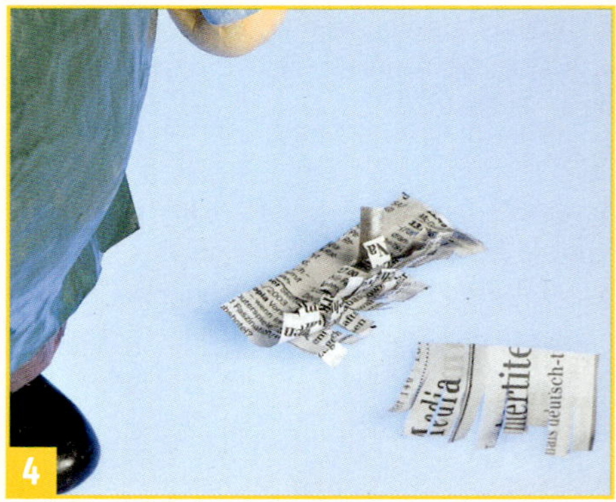

4

Tipps und Tricks

- Fertigen Sie die Arme und Beine etwas länger als benötigt an und schneiden Sie diese erst nach dem Trocknen auf die endgültige Länge zu.
- Ecken, Ränder und Rundungen lassen sich besonders gut mit Zeitungspapier bekleben, wenn man die einzelnen Schnipsel bis zur Mitte einreißt.
- Zum Grundieren der Figuren eignen sich auch Reste weißer Wandfarbe oder eine wasserlösliche Allzweck-Grundierung.
- Zum Öffnen der Spardose an der Unterseite der Figur vorsichtig ein Loch hineinschneiden. Diese Öffnung kann später wieder mit mehreren Lagen Zeitungspapier überklebt werden.

Fredi, der Clown

→ Jonglier-Künstler

MOTIVHÖHE
ca. 30 cm

MATERIAL

- runder Luftballon
- Wasserbomben-Ballon
- 350 g lufttrocknende Modelliermasse
- Acrylfarbe in Weiß, Schwarz, Rot, Blau, Gelb, Violett, Grün und Hautfarbe
- 2 teilbare Acrylkugeln in Transparent, ø 8 cm

VORLAGENBOGEN 1B

1 Einen Rohling mit 58 cm Umfang gemäß Anleitung auf Seite 3 herstellen. Wie auf Seite 3 beschrieben zwei Beine (je ø 6 cm, 4 cm lang) an der Figur anbringen. Den Rand der Beine gerade abschneiden, damit die Figur stehen kann. Die Arme entsprechend anfertigen (ø 3 cm, 9 cm lang) und waagerecht an die Figur setzen.

2 Für die Füße aus Modelliermasse zwei Tropfen (ø 4 cm) formen und diese auf eine glatte Unterlage aufdrücken, sodass sie später eben aufliegen. Die Füße schräg nach außen an die Beine anlegen und andrücken, damit sie sich exakt ansetzen lassen. Trocknen lassen und mit Klebstoff an den Beinen befestigen.

3 Zwei Tropfen (ø 3 cm) aus Modelliermasse für die Hände formen. Jeweils an einer Seite abflachen und wie abgebildet eine Acrylkugel hineindrücken, damit diese später gut aufliegt. Trocknen lassen und die Hände oben in die Ärmel einkleben.

4 Für den Hut einen Rohling aus einem Wasserbomben-Ballon (Umfang ca. 18 cm) herstellen und auf eine Länge von 5 cm abschneiden. Aus Papier einen Ring (ø 9 cm, 2 cm breit) ausschneiden und die Halbkugel so aufkleben, dass ein ca. 1,5 cm breiter Rand entsteht. Diesen Rand mit zwei Schichten Zeitungspapier verstärken. Den fertigen Hut auf die Figur kleben.

5 Für die Ohren zwei kleine Kreise (ø 2 cm) aus Papier ausschneiden, jeweils bis zum Mittelpunkt ein Mal einschneiden und ca. 5 mm überlappend wieder zusammenkleben, sodass ein kleiner, breiter Kegel entsteht. Anschließend mit zwei Lagen

WEITERFÜHRUNG

Fredi, der Clown

Zeitungspapier verstärken. Die Ohren links und rechts an die Figur kleben und die Übergänge mit Streifen aus Zeitungspapier kaschieren.

6 Die Konturen und das Muster der Jacke gemäß Vorlage übertragen. Die Ränder der Jacke und den Kragen wie in der Anleitung „Kleidung“ auf Seite 4 beschrieben herstellen. Ebenso die Ränder (ca. 1,5 cm breit) an die Hosenbeine setzen. Die Figur weiß grundieren. Zuerst das Gesicht übertragen, anschließend die Haare mit Bleistift anzeichnen. Alles wie abgebildet bemalen. Die Figur zum Schluss lackieren.

Tipp: Die Acrylkugeln können lose aufgelegt oder mit UHU Alleskleber kraft an den Händen befestigt werden. Mit ein paar bunten Süßigkeiten füllen.

Gärtner Gerd

→ mit grünem Daumen

1 Einen Rohling mit ca. 55 cm Umfang gemäß Anleitung auf Seite 3 herstellen. Ebenso die Beine (ø 6 cm, 3 cm lang) und die Arme (ø 4 cm, 10 cm lang) anfertigen und an der Figur befestigen.

2 Die Schürze gemäß Vorlage anzeichnen und wie in der Anleitung „Kleidung“ beschrieben die Ränder modellieren. Für die Träger je einen 5 cm breiten und 20 cm langen Streifen Zeitungspapier mit Kleister bestreichen und zu einem 1 cm breiten Streifen zusammenfalten. Gemäß Abbildung auf die Figur kleben und überstehende Enden abschneiden.

3 Aus Modelliermasse rundliche Stiefel formen (3 cm x 6 cm, ca. 5 cm hoch) und auf einer glatten Oberfläche andrücken, damit sie später gut aufliegen. Die fertigen Stiefel nach dem Trocknen in die Hosenbeine einsetzen und mit Kraftkleber an der Figur befestigen. Dabei die Figur so ausbalancieren, dass sie stabil steht.

4 Das Haar wie auf Seite 4 beschrieben anfertigen und kreisförmig so auf die Figur kleben, dass es später unter dem Hut hervorschaut.

5 Zwei Tropfen aus Modelliermasse (ø 3 cm, 7 cm lang) für die Hände formen. Einen Tropfen auf den Rand des Blumentopfes drücken, damit die Hand später schön darauf aufliegt. Den anderen um ein Holzstäbchen oder einen Bleistift kneten, sodass das Körbchen darin eingehängt werden kann. Die Hände trocknen lassen und anschließend in die Ärmel einkleben.

6 Die Figur weiß grundieren und wie abgebildet bemalen und lackieren. Zum Schluss den Hut mit etwas Klebstoff aufsetzen.

MOTIVHÖHE
ca. 27 cm

MATERIAL
- runder Luftballon
- 350 g lufttrocknende Modelliermasse
- Acrylfarbe in Weiß, Schwarz, Braun, Hellblau, Dunkelgrün, Rot und Hautfarbe
- Blumentopf, ø 11 cm, 10 cm hoch
- geflochtenes Körbchen, 10 cm x 6 cm
- Miniatur-Strohhut, ø 12 cm

VORLAGENBOGEN 2A

Nilpferd Berta

→ hat riesigen Hunger!

1 Einen Rohling mit 55 cm Umfang gemäß Anleitung auf Seite 3 herstellen, dabei den Ballon von der breiteren Seite her nur bis zu einer Höhe von ca. 16 cm bekleben. Ebenso einen zweiten, etwas kleineren Rohling anfertigen (Umfang: 48 cm, 11 cm hoch) und die Ränder um die Öffnungen gerade abschneiden.

2 Die Öffnung des größeren Rohlings verschließen. Dazu aus Papier einen Kreis ausschneiden, dessen Durchmesser etwa 4 cm größer als die Öffnung ist. Den Kreis am Rand gleichmäßig 2 cm tief einschneiden, anschließend über die Öffnung legen und am Rand auf den Papierballon kleben. Alles mit zwei Lagen Zeitungspapier verstärken. Die vier Beine gemäß Anleitung auf Seite 3 (ø 5 cm, 2 cm hoch) herstellen und am Körper befestigen.

3 Den kleineren Rohling der Länge nach sauber halbieren. Ein Hälfte von unten gerade an den Körper setzen und festkleben. Achtung! Diese Hälfte muss auf dem Untergrund aufliegen, damit die Figur stabil steht. Die andere Hälfte so an den oberen Teil des Körpers kleben, dass ein geöffnetes Maul entsteht. Dafür die hintere Kante der Rohling-Hälfte passend zurecht schneiden. Die Klebekante außen mit zwei bis drei Lagen aus Zeitungspapierschnipseln überkleben und stabilisieren. Bis alles getrocknet ist, das Maul mit einem schräg eingestellten Schaschlikstäbchen offen halten.

4 Für die vier Zähne je einen Streifen Zeitungspapier (4 cm x 20 cm) auf ø 1 cm zusammenrollen und mit zwei Lagen Papierschnipseln überkleben. Die Zähne von innen so in das Maul einkleben, dass etwa 2 cm sichtbar bleiben. Kleine Ovale (ca. 3 cm lang) für die Ohren aus Papier ausschneiden und mit zwei Lagen aus kleinen Schnipseln verstärken. Ankleben und die Übergänge beidseitig mit kleinen Papierstreifen kaschieren.

5 Ein Papierröllchen (ø 5 mm, 5 cm lang) herstellen und an einem Ende rundherum etwa 1 cm tief im Abstand von 2 mm bis 3 mm einschneiden. Die Einschnitte etwas ausfransen. Das andere Ende flach drücken und diese Seite als Schwänzchen hinten an die Figur kleben. Den Übergang mit Papierschnipseln kaschieren.

6 Für die Nüstern je einen dünnen Streifen Papier (ca. 5 mm x 6 cm) halbmondförmig links und rechts auf den oberen Teil des Mauls kleben. Diesen Streifen vorsichtig mit kleinen Schnipseln umkleben, dabei einen nahtlosen Übergang zur Schnauze arbeiten und wie abgebildet zurechtformen.

7 Die Figur weiß grundieren. Die Augen mit Bleistift anzeichnen. Die Figur wie abgebildet bemalen und lackieren.

MOTIVHÖHE
ca. 17 cm

MATERIAL
- 2 runde Luftballons
- Acrylfarbe in Weiß, Schwarz, Grau und Rosa

MOTIVHÖHE
ca. 22 cm

MATERIAL
- länglicher Luftballon
- Wasserbomben-Ballon
- 150 g lufttrocknende Modelliermasse
- Acrylfarbe in Weiß, Schwarz, Grau und Rosa
- Metall-Eimer mit Henkel, ca. 8 cm hoch
- kleine Laubsäge

VORLAGENBOGEN 2A

Zebra Zenzi

→ bewacht die Blümchen

1 Für den Körper einen länglichen Luftballon auf ca. 14 cm Länge und 27 cm Umfang aufblasen. An beiden Enden mit einem festen Knoten verschließen. Gemäß Anleitung auf Seite 3 einen Rohling mit fünf Lagen Papierschnipseln herstellen.

2 Für den Kopf etwas Zeitungspapier zu einer Kugel (ø 6 cm) zusammenknüllen und mit Nähfaden umwickeln. Diese Papierkugel mit zwei Lagen Zeitungspapierschnipseln bekleben. Für die Schnauze einen Wasserbomben-Ballon so aufblasen, dass er an der breitesten Stelle einen Umfang von ca. 24 cm hat. Wie auf Seite 3 beschrieben mit Zeitungspapier bekleben und nach dem Trocknen auf 8 cm Länge auf der schmäleren Seite zurecht schneiden. An der geöffneten Seite den Kopf festkleben.

3 Aus einem Zeitungspapier-Streifen (2 cm x 20 cm) eine Rolle mit ø 3 cm (2 cm lang) für den Hals anfertigen, diese mit zwei Lagen Zeitungspapier bekleben und trocknen lassen. An den unteren Teil des Kopfes ankleben. Vier Streifen aus Zeitungspapier (je 6 cm x 30 cm) mit Kleister bestreichen, zu 6 cm langen Beinen (ø 1 cm) aufrollen und mit einer Lage Papierschnipsel überkleben.

4 Aus Modelliermasse vier Kugeln (ø ca. 2 cm) formen, auf einer ebenen Unterlage etwas platt drücken und gemäß Abbildung die Füße modellieren. Mit den fertigen Beinen des Zebras Vertiefungen in die Füße drücken. In diese Mulden werden später die Beine eingeklebt. Die Beine mit Klebstoff am Körper befestigen.

5 Den Kopf und Hals so auf den Körper kleben, dass sich die Mitte der Schnauze auf einer Höhe mit dem aufgestellten Henkel des Eimers befindet. Die Ohren gemäß Vorlage aus Papier ausschneiden, mit zwei Lagen Zeitungspapier verstärken und dabei mit den Fingern eine leichte Wölbung formen. Die Ohren an den Klebelaschen am Kopf fixieren.

6 Für den Schwanz ein mit Kleister bestrichenes Stück Zeitungspapier zu einer dünnen Rolle (ø 5 mm) formen und auf 6 cm Länge zurecht schneiden. An einem Ende gleichmäßig im Abstand von 2 mm bis 3 mm einschneiden und mit den Fingern etwas ausfransen. Hinten am Körper ankleben. Die Mähne (ca. 3 cm hoch) nach der Anleitung für die Haare auf Seite 4 anfertigen und mittig an Kopf, Hals und Körper (etwa bis zur Rückenmitte) ankleben.

7 Alle Klebenähte mit kleinen Papierstreifen überkleben, damit die Figur stabiler wird. Den Eimer mit ausgeklapptem Henkel vor der Figur aufstellen und die Stelle, an welcher der Henkel die Schnauze berührt, markieren. An dieser Stelle einen schmalen Schlitz in die Figur sägen. In diesen wird später der Henkel des Eimers hineingedrückt.

8 Die Figur mit weißer Farbe grundieren, gemäß Vorlage und Abbildung bemalen und zum Schluss lackieren.

Besuch aus dem Weltall

→ verrückter Zettelhalter

MOTIVHÖHE
ca. 38 cm

MATERIAL
- runder Luftballon
- 3 Styropor-Kugeln, ø 7 cm
- 9 Plastik-Perlen in Silber, ø 5 mm
- Acrylfarbe in Grün, Blau, Gelb, Weiß und Schwarz
- Silberdraht, ø 1 mm
- Rundzange

VORLAGENBOGEN 1A

1 Einen Rohling mit ca. 55 cm Umfang gemäß Anleitung auf Seite 3 herstellen. Die drei Styropor-Kugeln jeweils mit einer Schicht aus Zeitungspapierschnipseln bekleben und in gleichmäßigem Abstand wie abgebildet mit Kraftkleber an den Rohling setzen.

2 Für die Stacheln aus Zeitungspapier neun Tütchen (ca. 12 cm bis 18 cm hoch, ø ca. 6 cm) zusammenkleben. Diese mit der Öffnung nach unten am oberen Teil des Ballons gemäß Abbildung gleichmäßig verteilt ankleben. Die Stacheln mit zwei Lagen Zeitungspapier bekleben, sodass sie fest und stabil werden.

3 Mit der Rundzange neun Drahtspiralen biegen, dabei am Ende jeweils 4 cm Draht überstehen lassen und senkrecht wegbiegen. Dieses Drahtende mit Kraftkleber bestreichen und eine Perle aufziehen. Auf die Stachelspitzen je einen Tropfen Kleber tupfen, das gerade Ende der Drahtspirale durchstechen und so fixieren, dass die Perle stabil auf der Spitze sitzt.

4 Die Figur weiß grundieren und gut trocknen lassen. Das Gesicht gemäß Anleitung auf Seite 3 von der Vorlage auf den Rohling übertragen. Auf den Stacheln und Kugeln mit Bleistift frei Hand Spiralen anzeichnen. Die ganze Figur wie abgebildet bemalen. Für das Auge Blau mit etwas Weiß mischen.

5 Für die Wimpern einen Papierstreifen (ca. 2 cm x 7 cm) im Abstand von ca. 2 mm gleichmäßig einschneiden, dabei einen schmalen Kleberand von ca. 3 mm lassen. Den eingeschnittenen Papierstreifen schwarz bemalen und auf das Auge kleben. Gut trocken lassen und die Figur lackieren.

REALSOUND-TÖNE
20:00

Katzenmusik

→ "bissiger" CD-Ständer

MOTIVHÖHE
ca. 29 cm

MATERIAL
- runder Luftballon
- würfelförmiger CD-Ständer, ca. 13,5 cm x 13,5 cm x 14 cm
- Styropor-Ring, ø 15 cm
- 600 g lufttrocknende Modelliermasse
- Acrylfarbe in Weiß, Schwarz, Gelb, Orange, Braun und Beige

VORLAGEN-BOGEN 2A

1 Einen Rohling mit ca. 65 cm Umfang gemäß Anleitung auf Seite 3 herstellen, zuvor in der Mitte ein Quadrat (13,5 cm x 13,5 cm, passend zum CD-Würfel) aufzeichnen. Die Papierschnipsel großzügig über die Ränder des Quadrats kleben. Dieses nach dem Trocknen sauber ausschneiden, sodass der CD-Ständer genau hinein passt. Die Innenseite des Rohlings schwarz bemalen. Die hinteren Ecken des CD-Ständers mit Klebstoff bestreichen und in den getrockneten Ballon einsetzen.

2 Den Styropor-Ring mit einer Lage Zeitungspapier beziehen und den Rohling auf den Ring kleben. Die Ohren aus Papier ausschneiden und mit drei Lagen Zeitungspapier verstärken. An den Klebelaschen an der Figur festkleben. Die Übergänge von beiden Seiten mit Papierstreifen stabilisieren.

3 Für den oberen Teil der Schnauze aus Modelliermasse zwei große Tropfen formen (ø 5 cm, 14 cm lang). Diese links und rechts an die obere Kante des CD-Ständers setzen und wie abgebildet um die Ecken zu einer Schnauze formen. Die Teile wieder von der Figur nehmen und erst nach dem vollständigen Trocknen mit Kraftkleber befestigen.

4 Für die Nase eine Kugel aus Modelliermasse zwischen die beiden Hälften der Schnauze setzen und zurecht formen, anschließend die Nasenlöcher mit einer Bleistiftspitze eindrücken. Trocknen lassen und mit Klebstoff befestigen. Eine Rolle (ø 3 cm, 22 cm lang) aus Modelliermasse formen, um die untere Kante des CD-Ständers legen und den unteren Teil der Schnauze daraus modellieren. Wie in Schritt 3 beschrieben weiterarbeiten.

5 Die Figur weiß grundieren. Die Augen und Zähne gemäß Vorlage auf die Figur übertragen und diese wie abgebildet bemalen. Das Katzenfell-Muster mit einem fast trockenen Pinsel und brauner Farbe auftupfen. Den Styropor-Ring abschnittsweise in kräftigem und hellem Orange (dafür Orange mit etwas Gelb und/oder Weiß mischen) bemalen. Die ganze Figur lackieren.

NECTAR
LET THERE BE ROCK
NTRCD016
MILES DAVIS & FREDDIE HUBBARD
SUPER HORNS
MICA PARIS WHISPER A PRAYER
74321 14553 2
SPIN DOCTORS POCKET FULL OF KRYPTONITE
east west
Simply Red Life
468250 9
DIRE STRAITS live at the BBC
VERTIGO 528 323-2
2292-54939-2
PHIL COLLINS/FACE VALUE
wea
ACE OF BASE / HAPPY NATION
517 749-2
Best of Musicals
Chris Rea: The Road To Hell 2292-46285-2

Gefiederte Freunde

→ Briefhalter und Spardose

MOTIVHÖHE
Papagei ca. 23 cm
Uhu ca. 24 cm

MATERIAL PAULE, DER PAPAGEI
- runder Luftballon
- 200 g lufttrocknende Modelliermasse
- Deko-Federn in Rot, Blau, Grün und Gelb, ca. 5 cm bis 7 cm lang
- Acrylfarbe in Gelb und Schwarz

ULLI-UHU
- runder Luftballon
- 500 g lufttrocknende Modelliermasse
- Deko-Federn in Weiß oder Beige
- Acrylfarbe in Orange, Gelb, Schwarz und Braun
- Rebenkranz, ø 20 cm

VORLAGENBOGEN 2B

Paule, der Papagei

1 Einen Rohling mit ca. 50 cm Umfang gemäß Anleitung auf Seite 3 herstellen. Am breiten Ende einen 2 cm hohen Ring (ø 10 cm) wie in der Anleitung „Beine" beschrieben aus Zeitungspapier anbringen. Auf diesem Ring kann der Rohling stehen.

2 Für die Füße aus Modelliermasse je drei 5 cm lange und 2 cm dicke Rollen mit spitzen Enden formen. Die Rollen an einem Ende zusammendrücken und damit gegen den Papier-Ring drücken. So können die Füße später passend an die Figur geklebt werden. Nun die Füße auf einer Unterlage leicht andrücken, damit sie eben aufliegen. Trocknen lassen und mit Klebstoff am Papier-Ring befestigen.

3 Den Kamm aus Zeitungspapier ausschneiden, mit zwei Lagen Papier verstärken und an der Klebelasche mittig auf der Figur befestigen. Die Übergänge mit etwas Zeitungspapier verstärken und kaschieren. Auf die gleiche Weise den Schwanz herstellen

4 Für den Schnabel etwas Zeitungspapier in Form knüllen (siehe Vorlagenbogen), mit Nähfaden fest umwickeln und mit drei Schichten Zeitungspapier überkleben. Trocknen lassen und in der Mitte durchschneiden. Die Schnittflächen ebenfalls mit drei Lagen Papier überkleben. Die beiden Hälften so an die Figur kleben, dass ein geöffneter Schnabel entsteht. Den Abstand zwischen den beiden Teilen dabei möglichst gering halten, damit später ein Brief o. Ä. dazwischen geklemmt werden kann.

5 Die Augen mit schwarzer Farbe aufmalen. Die Füße gelb bemalen und schwarze Dreiecke für die Krallen auftupfen. Die Federn wie abgebildet auf die Figur kleben (der Kamm sollte dabei wie ein „Irokese" aussehen), dafür den Federkiel in Klebstoff tauchen und die Feder andrücken. Achtung! Immer von unten mit dem Aufkleben beginnen, damit sich die Federn nach oben hin überlappen können. Überstehende Federn an Augen, Schnabel und Füßen abschneiden, ggf. schon vor dem Aufkleben etwas kürzen. Die Figur mit einer dünnen Schicht Lack besprühen, dabei die Federn nochmals andrücken.

WEITERFÜHRUNG

Gefiederte Freunde

Ulli-Uhu

1 Einen Rohling mit ca. 55 cm Umfang gemäß Anleitung auf Seite 3 herstellen. Für die Füße aus Modelliermasse je drei 5 cm lange und 2,5 cm dicke Rollen mit spitzen Enden formen. Die Rollen an einem Ende zusammendrücken und damit gegen den Rohling drücken. So können die Füße später passend an die Figur angesetzt und fixiert werden. Kurze, dünne und leicht gebogene Röllchen aus Modelliermasse (ø 2 mm, 1 cm lang) als Krallen an die Füße setzen. Die Füße trocknen lassen und mit Kraftkleber befestigen.

2 Für die Ohren aus Modelliermasse zwei Kegel (ca. 2,5 cm hoch) formen und auf den Rohling drücken. Wieder abnehmen, trocknen lassen und an der Figur festkleben. In der gleichen Weise den gebogenen und nach unten spitz zulaufenden Schnabel herstellen und ankleben.

3 Die Konturen der Flügel vom Vorlagenbogen links und rechts auf die Figur übertragen. Innerhalb der Konturen die Modelliermasse ca. 2 cm dick auftragen. Dafür kleine Stücke fest andrücken, an den Rändern versäubern und auf diese Weise den ganzen Flügel ausarbeiten. Zum Schluss die Oberfläche glatt streichen. Die Augen ebenso herstellen, die Masse hier jedoch nur ca. 1 cm dick auftragen.

4 Auf dem Hinterkopf den Geldeinwurf-Schlitz (ca. 4 mm x 4 cm) anzeichnen. Mit einem Akku- oder Handbohrer entlang der Linie im Abstand von ca. 5 mm kleine Löcher (ø 3 mm) bohren. Mit einer spitzen Schere in die Löcher einstechen und den Schlitz ausschneiden.

5 Schnabel, Füße und Augen wie abgebildet bemalen. Die Federn aufkleben. Dafür nur den Federkiel in Klebstoff tauchen und die Feder andrücken. Wichtig: Immer von unten beginnen, damit die Federn nach oben hin überlappen. An den Flügeln die Federn von hinten nach vorn ankleben. Überstehende Federn an Augen, Schnabel und Füßen abschneiden. Die Figur mit Sprühlack überziehen, dabei die Federn nochmals andrücken.

Ferkel Fred & Frida

→ lustige Buchstützen

MOTIVHÖHE
Schweinchen (ohne Bohlen) ca. 12,5 cm

MATERIAL PRO SCHWEINCHEN

- runder Luftballon
- Holzbohle (10 cm x 10 cm x 6 cm)
- Toilettenpapier-Rolle
- 100 g lufttrocknende Modelliermasse
- Fotokartonrest in Rot
- stabiler Kartonrest (Schnauze)
- Acrylfarbe in Weiß und Rosa

VORLAGENBOGEN 2B

1 Einen Rohling mit ca. 35 cm Umfang gemäß Anleitung auf Seite 3 herstellen. Von einer Toilettenpapier-Rolle ca. 4 cm abschneiden. Einen Kreis mit gleichem Durchmesser aus Karton ausschneiden und eine Seite der Rolle damit verschließen. Die andere Seite so anschrägen, dass sie sich gerade an den Rohling setzen lässt. Die Rolle als Schnauze ankleben und die Übergänge mit Zeitungspapier kaschieren und stabilisieren. Aus Modelliermasse eine Rolle (ø 5 mm, ca. 12,5 cm lang) formen, vorne um den Rand der Schnauze legen und fest andrücken.

2 Aus Karton für die Beine vier kleine Trichter (ø 2,5 cm, 2,5 cm lang) herstellen und mit der offenen Seite an die Figur kleben. Die Übergänge mit Zeitungspapierschnipsel überkleben und stabilisieren. Die Ohren gemäß Vorlage aus Karton ausschneiden und falten. Mit der Klebelasche an der Figur fixieren, mit ein bis zwei Lagen Zeitungspapier verstärken und dabei auch die Übergänge beidseitig mit Papier bekleben und kaschieren.

3 Für den Ringelschwanz einen Streifen Zeitungspapier (ca. 15 cm x 10 cm) mit Kleister bestreichen und der Länge nach zu einer festen Papierschnur zusammenrollen. Im noch feuchten Zustand um einen Stift wickeln, wieder abziehen und trocknen lassen. Die überstehenden Enden abschneiden, dabei an einer Seite ca. 1 cm stehen lassen. Mit diesem Ende den Schwanz an die Figur kleben.

4 Die Figur zunächst weiß grundieren, dann rosa bemalen. Mit schwarzem Filzstift die Augen, Borsten und Nasenlöcher aufmalen. Für eines der Schweinchen aus rotem Fotokarton eine kleine Schleife ausschneiden und auf das Ohr kleben. Die Figur so auf den Bohlenabschnitt kleben, dass die Schnauze mit einer Kante bündig abschließt. Die Figur lackieren.

Hase Helmut

→ mit Eiern im Gepäck

1 Einen Luftballon auf einen Umfang von ca. 55 cm aufblasen. Mit Filzstift ein Rechteck (11 cm x 14 cm) aufzeichnen. Auf den Ballon gemäß Anleitung auf Seite 3 fünf Schichten Zeitungspapier kleben. Dabei das aufgezeichnete Rechteck aussparen, jedoch großzügig (ca. 3 cm weit) über den aufgezeichneten Rand kleben. Nach dem Trocknen das Rechteck sauber ausschneiden. In der Mitte der oberen Kante wie abgebildet einen Abschnitt (1 cm x 3 cm) für die Zähne hervorstehen lassen. Für die Schnauze etwas Papier zu zwei Kugeln (ø je 4 cm) zusammenknüllen, mit Nähfaden fest umwickeln und mit zwei Schichten Zeitungspapier überkleben. Die beiden Kugeln aneinander kleben, danach den Übergang mit Papierschnipsel kaschieren, sodass die Schnauze wie ein Teil wirkt.

2 Von der Schnauze entlang der Längsachse mit einem Messer ein Drittel abschneiden. Eine kleine Papierkugel (ø 1,5 cm) herstellen und als Nase zwischen die beiden größeren Kugeln kleben. Die fertige Schnauze mit der abgeflachten, angeschnittenen Seite ca. 2 cm über dem ausgeschnittenen Rechteck mittig ankleben. Die durch die Rundung des Papierballons entstandenen Lücken mit aufgeklebten Papierstreifen füllen.

3 Die Ohren gemäß Vorlage aus Papier ausschneiden und mit zwei Schichten Zeitungspapier verstärken. Mit den Klebelaschen auf der Figur befestigen. Für einen stabilen Stand zwei bis drei Lagen Papierstreifen über die Rückseite der Ohren auf den Körper kleben.

4 Für die Füße zwei Kugeln (ø 4 cm) aus Modelliermasse formen, diese auf einer ebenen Unterlage etwas platt drücken. Die Füße in der richtigen Position vor die Figur legen und den unteren Teil des Rohlings in die Modelliermasse drücken. So passen die Füße genau an dessen Rundung. Trocknen lassen und mit Klebstoff fixieren.

5 Für den Schwanz eine Papierkugel (ø 3 cm) knüllen, mit Faden umwickeln und zwei Lagen Zeitungspapier darüber kleben. Gut trocknen lassen und auf der Rückseite ankleben. Die Figur mit weißer Farbe grundieren, die Augen aufmalen, Zähne und Zehen mit Bleistift vorzeichnen und die restliche Figur nach Abbildung bemalen. Den Schwanz dunkelbraun gestalten.

MOTIVHÖHE
ca. 28 cm

VORLAGENBOGEN 1A

MATERIAL
- runder Luftballon
- 200 g lufttrocknende Modelliermasse
- Acrylfarbe in Weiß, Schwarz, Dunkelbraun und Hellbraun

Elefant Lakschmi

→ trägt auch schwere Lasten

MOTIVHÖHE
ca. 19 cm (ohne Korb)

MATERIAL
- runder Luftballon
- Acrylfarbe in Weiß, Schwarz, Hellgrau, Orange, Gelb und Rot
- geflochtener Korb, Boden: ø 8 cm

VORLAGEN-BOGEN 2B

1 Einen Rohling mit ca. 55 cm Umfang gemäß Anleitung auf Seite 3 herstellen. Vier Rollen aus Zeitungspapier (ø 4 cm, 2 cm hoch) zusammenkleben. Aus diesen Rollen die Beine herstellen. Für den Rüssel etwas Zeitungspapier gemäß Vorlagenbogen in Form knüllen und mit Nähfaden fest umwickeln. Mit zwei Lagen Zeitungspapier überkleben und mit Klebstoff am Körper befestigen. Die Übergänge mit Papierschnipsel verstärken und kaschieren.

2 Aus Zeitungspapier zwei Kugeln (ø je 2 cm) für die Augen formen. Diese mit Nähfaden umwickeln, mit Papierschnipsel überkleben und oberhalb des Rüssels an der Figur fixieren. Der Vorlage entsprechend zwei Ohren aus Papier ausschneiden, mit zwei Lagen Zeitungspapier verstärken und dabei wie in der Abbildung gezeigt in Form bringen. Mithilfe der Klebelaschen an der Figur befestigen.

3 Für den Schwanz aus Zeitungspapier eine dünne Rolle (ø 5 mm, 5 cm lang) herstellen. Die Rolle an einem Ende gleichmäßig im Abstand von ca. 2 mm bis 3 mm einschneiden und ausfransen. Das andere Ende etwas flach drücken und hinten an den Körper kleben, den Ansatz mit einigen Papierschnipseln kaschieren.

4 Den Haltering für den Korb nach der Anleitung „Beine“ auf Seite 3 herstellen und mittig auf den Rücken der Figur kleben. Er hat einen Durchmesser von 9 cm (d. h. einen Zentimeter größer als der Bodendurchmesser des verwendeten Korbes) und eine Höhe von 2 cm. Nach Anleitung „Haare“ die Stirnfransen herstellen und über den Augen auf die Figur kleben.

5 Die Figur in Weiß grundieren. Mit Bleistift die Augenlider, Pupillen, Zehen und den Rand des Korbhalters anzeichnen. Die Figur wie abgebildet bemalen und anschließend lackieren.

Tipp: Den Rüssel können Sie auch aus Pappmaché-Masse anrühren und aufmodellieren.

Froggy

→ der reichste Frosch der Welt

1 Einen Luftballon auf 55 cm Umfang aufblasen. Mit Filzstift ein Rechteck (11 cm x 14 cm) aufzeichnen. Wie auf Seite 3 beschrieben fünf Schichten Zeitungspapier auftragen. Dabei das Rechteck aussparen, jedoch großzügig über den aufgezeichneten Rand kleben. Nach dem Trocknen das Rechteck sauber ausschneiden. An den Ecken mit einem Handbohrer oder einer spitzen Schere jeweils 5 mm vom Rand entfernt ein Loch bohren.

2 Für die Füße je drei Kugeln aus Modelliermasse formen (ø 3 cm bis 4 cm) und aneinander drücken. Die Füße in die richtige Position bringen und den Rohling von hinten so andrücken, dass er gut auf den Füßen sitzt. So können diese später problemlos angeklebt werden. Den Ballon wieder abnehmen, die Füße trocknen lassen und anschließend aufkleben.

3 Einen Tischtennisball entlang der Nahtstelle mit der Schere halbieren. Die Ränder mit Klebstoff bestreichen und als Augen fixieren. Einen Rand aus Modelliermasse um die Klebenaht formen und gut andrücken. Zwei dünne Platten herstellen (jeweils 10 cm x 10 cm, ca. 3 mm stark) und damit die hintere Hälfte des Auges überziehen. Überschüssige Modelliermasse abschneiden.

4 Den Mund anzeichnen. An beiden Enden jeweils eine Kugel aus Modelliermasse (ø ca. 3 cm) andrücken, die Ränder rundherum gut verstreichen und an die Figur modellieren. Die Form der Mundwinkel mit einem Zahnstocher in die Modelliermasse drücken.

5 Auf der Rückseite des Frosches den Geldeinwurf-Schlitz (ca. 4 mm x 4 cm) anzeichnen und mit einem Akku- oder Handbohrer entlang dieser angezeichneten Linie im Abstand von ca. 5 mm kleine Löcher (ø 3 mm) bohren. Mit einer kleinen Schere in die Löcher einstechen und den Schlitz ausschneiden. Die Figur weiß grundieren und bemalen. Anschließend lackieren. Die Holzperlen grün bemalen.

6 Aus der Folie ein Rechteck ausschneiden (13 cm x 16 cm) und an den Ecken mit etwas Abstand zum Rand jeweils ein Loch (ø 2 mm) bohren. Je eine Perle auf 10 cm Draht auffädeln und beide Enden von innen durch die Löcher stecken. Die Folie von außen auf die Drahtenden stecken, jeweils eine weitere Perle auffädeln und die Enden unter der Perle verdrillen. Überstehenden Draht abschneiden.

MOTIVHÖHE
ca. 22 cm

MATERIAL
- runder Luftballon
- Tischtennisball
- 200 g lufttrocknende Modelliermasse
- Kunststofffolie, z. B. Pendeltürfolie in Transparent, ca. 13 cm x 16 cm, 2 mm stark
- 8 Rohholzperlen, ø 1 cm
- Acrylfarbe in Weiß, Schwarz, Hellgrün, Dunkelgrün und Gelb
- Silberdraht, ø 1 mm

10

Hallo, Weihnachtsmann!

→ bringt viele Geschenke

1 Einen Rohling mit ca. 55 cm Umfang gemäß Anleitung auf Seite 3 herstellen.

2 Für den Mantel einen Streifen Zeitungspapier (ca. 10 cm breit) rundherum so auf den Ballon kleben, dass er an der äußersten Wölbung beginnt und über das Ende des Ballons hinaus ragt. Den kompletten Rohling und den Papierstreifen mit drei Schichten aus Zeitungspapier verstärken. Vor dem Trocknen die Figur auf einer ebenen Unterlage gerade hinstellen, damit sich der Rand des Papierstreifens und späteren Mantels nach außen biegt und die Figur einen stabilen Stand bekommt. Nach dem Trocknen wie abgebildet die Öffnung des Mantels ausschneiden.

3 Die trichterförmigen Arme (ø 3 cm, 10 cm lang) gemäß Anleitung „Arme" anfertigen und an die Figur ansetzen. Aus Modelliermasse zwei Tropfen (ø 6 cm, ca. 10 cm lang) formen. Jeweils die dicke Seite der Tropfen so um einen Bleistift herumformen, dass Hände mit Daumen entstehen. Trocknen lassen und die Hände wie abgebildet in die Ärmel einkleben.

4 Für die Mütze eine Spitztüte aus Zeitungspapier zusammenkleben (ø 8 cm, ca. 6 cm hoch), mit zwei weiteren Lagen Zeitungspapier verstärken und auf den Rohling kleben. Eine kleine Kugel (ø 1 cm) aus Modelliermasse formen und als Nase befestigen.

5 Die Figur mit weißer Farbe grundieren. Mantel und Mütze in Rot bemalen, das Gesicht und die Hände in Hautfarbe.

6 Aus dem gelockten Plüsch 2 cm breite Streifen schneiden und als Saum auf den Mantel kleben. Für die Plüschränder an Ärmeln und Mütze ca. 1 cm breite Streifen verwenden. Etwas Plüsch (ca. 4 cm x 4 cm) zusammendrücken, mit Klebstoff bestreichen und auf die Mützenspitze kleben. Dicke Flocken aus Watte als Bart und Haar auf die Figur kleben. Dazu immer nur abschnittsweise etwas Klebstoff auf die Figur auftragen und ein Stück Watte andrücken.

7 Die Augen mit schwarzem Filzstift aufmalen. Zum Schluss die Figur lackieren, dabei die Watte nochmals leicht andrücken.

MOTIVHÖHE
ca. 30 cm

MATERIAL
- runder Luftballon
- 150 g lufttrocknende Modelliermasse
- lockiger Plüsch in Weiß
- Watte in Weiß
- Acrylfarbe in Weiß, Rot und Hautfarbe

Mr. Smith

→ zu Ihren Diensten

MOTIVHÖHE
ca. 30 cm (ohne Tablett)

MATERIAL
- runder Luftballon
- 350 g lufttrocknende Modelliermasse
- lockiger Plüschrest in Weiß
- Fotokartonrest in Schwarz (Fliege)
- stabiler Kartonrest (Hände)
- Acrylfarbe in Weiß, Dunkelbraun, Schwarz, Hellgrau, Dunkelgrau und Hautfarbe

VORLAGENBOGEN 1A

1 Einen Rohling mit ca. 63 cm Umfang gemäß Anleitung auf Seite 3 herstellen. Wie in der Anleitung „Beine" beschrieben, zwei Beine (ø 8 cm, 5 cm lang) anfertigen. Auf die gleiche Weise die Ärmel herstellen (ø 5 cm, 6 cm lang).

2 Für die Füße aus Modelliermasse spitze Dreiecke (ca. 4 cm Seitenlänge) formen und diese auf eine glatte Unterlage drücken, damit sie später gut aufliegen. Die Füße mit der kürzesten Seite des Dreiecks von vorne an die Beine anlegen und andrücken, um sie exakt ansetzen zu können. Nach dem Trocknen mit Klebstoff an den Beinen befestigen.

3 Die beiden Hände gemäß Vorlage aus festem Karton ausschneiden. Die Modelliermasse ca. 1 cm dick auf dem Karton verteilen und an den Rändern glatt streichen. Die Konturen der Finger mit einem spitzen Gegenstand, z. B. einem Schaschlikstäbchen oder Zahnstocher in die Modelliermasse drücken. Den Karton vorsichtig wieder entfernen. Als Arme je eine Rolle aus Modelliermasse (ca. ø 5 cm, 7 cm lang) im rechten Winkel an die Hände setzen und die Übergänge gut verstreichen. Diese Armstücke nach dem Trocknen in die Ärmel kleben, dabei darauf achten, dass die Handflächen waagerecht auf einer Linie liegen.

4 Die Konturen der Jacke vom Vorlagenbogen auf die Figur übertragen. Die Jackenränder und den Kragen wie in der Anleitung „Kleidung" beschrieben herstellen. Auf die gleiche Weise einen ca. 1 cm breiten, gewellten Rand an die Hosenbeine setzen.

5 Die Figur weiß grundieren und anschließend die restlichen Konturen der Kleidung sowie das Gesicht vom Vorlagenbogen übertragen. Den Butler wie auf der Abbildung bemalen. Den Plüsch für das Haar gemäß Vorlage zuschneiden, ggf. an die Figur anpassen und auf den Kopf kleben. Aus schwarzem Fotokarton eine kleine Schleife ausschneiden und als Fliege wie abgebildet fixieren. Die Figur lackieren.

Baby Rose und Mr. Blue

→ originelle Spardosen

MOTIVHÖHE
Baby Rose ca. 25 cm
Mr. Blue ca. 21 cm

MATERIAL BABY ROSE
- runder Luftballon
- 8 Wasserbomben-Ballons
- Acrylfarbe in Weiß, Schwarz und Rosa

MR. BLUE
- runder Luftballon
- Styropor-Ring, ø 10 cm
- Tischtennisball
- Acrylfarbe in Weiß, Schwarz, Rot, Hellblau und Dunkelblau
- Haushaltsschwamm

VORLAGEN-BOGEN 1B

Baby Rose

1 Einen Rohling mit ca. 55 cm Umfang gemäß Anleitung auf Seite 3 herstellen. Für die Füße acht Wasserbomben-Ballons auf einen Umfang von ca. 18 cm aufblasen und wie beim Rohling mit fünf Schichten Zeitungspapier bekleben. Trocknen lassen und auf der Verschlussseite auf eine Länge von 7 cm bis 8 cm abschneiden.

2 Die acht Füße an der Unterseite des großen Rohlings kreisförmig ansetzen und mit Kraftkleber befestigen. Der breitere Teil des großen Rohlings zeigt dabei nach oben. Trocknen lassen und die Füße nochmals mit Papierstreifen und etwas Kleister fixieren, damit eine stabile Verbindung und ein nahtloser Übergang entstehen.

3 Für die acht Haare je einen Streifen Zeitungspapier (3 cm x 20 cm) mit Kleister bestreichen, zu einer Rolle (ø 1 cm) formen und diese anschließend mit einer Lage Papierschnipsel bekleben. Trocknen lassen und wie abgebildet kreisförmig in der Mitte des Kopfes befestigen. Die Klebestellen mit schmalen Papierstreifen kaschieren.

4 Die Figur in Weiß grundieren und gut trocknen lassen. Das Gesicht gemäß Vorlagenbogen übertragen.

5 An der Rückseite der Figur den Geldeinwurf-Schlitz mit Bleistift anzeichnen (ca. 4 mm x 6 cm). Mit einem Akku- oder Handbohrer entlang dieser Linie im Abstand von ca. 5 mm kleine Löcher (ø 3 mm) bohren. Mit einer spitzen Schere in die Löcher stechen und den Geldeinwurf-Schlitz ausschneiden.

6 Die gesamte Figur rosa bemalen, dabei die Augen und Augenbrauen aussparen. Trocknen lassen. Das Gesicht des Tintenfisches wie abgebildet aufmalen. Die Konturen der Augen und den Mund mit schwarzem Filzstift nachziehen. Die Figur nach dem Trocknen lackieren.

WEITERFÜHRUNG

Baby Rose und Mr. Blue

Mr. Blue

1 Einen Rohling mit ca. 50 cm Umfang gemäß Anleitung auf Seite 3 herstellen. Den Styropor-Ring mit einer Lage Zeitungspapier bekleben. Den Rohling wie abgebildet auf den Ring kleben. Auf die breitere Seite wird später das Gesicht aufgemalt.

2 Die beiden Seitenflossen, die Rücken- und Schwanzflosse gemäß Vorlage aus Zeitungspapier ausschneiden und jeweils mit zwei Lagen Zeitungspapier verstärken. Die fertigen Flossen an den Klebelaschen mit Kleister auf der Figur fixieren. Dabei die Schwanzflosse auf den schmalsten Teil des Körpers (= Seite mit Verschluss des Ballons) kleben.

3 Den Tischtennisball entlang der Naht mit einer kleinen, spitzen Schere halbieren. Die Ränder der beiden Hälften mit Klebstoff bestreichen und als Augen auf die Figur kleben.

4 Die Figur weiß grundieren. Oberhalb der Augen den Geldeinwurf-Schlitz (ca. 4 mm x 4 cm) anzeichnen. Mit einem Akku- oder Handbohrer entlang dieser Linie im Abstand von ca. 5 mm kleine Löcher (ø 3 mm) bohren. Mit einer Schere in die Löcher einstechen und den Schlitz ausschneiden.

5 Den Mund gemäß Vorlage auf den Rohling übertragen und die Augenlider und Pupillen mit Bleistift anzeichnen. Die Figur hellblau bemalen. Von einem Haushaltsschwamm eine Ecke abreißen. An der abgerissenen Seite weitere kleine Flocken ausreißen, damit eine möglichst unregelmäßige Oberfläche entsteht. An dieser Stelle ein wenig dunkelblaue Farbe aufnehmen und vorsichtig ein unregelmäßiges Muster auf die Figur tupfen.

6 Den Rest der Figur wie abgebildet bemalen. Die Konturen des Mundes, der Augenlider und des Schwimmringes mit schwarzem Filzstift nachziehen. Die Figur abschließend lackieren.

DIESES BUCH ENTHÄLT 2 VORLAGENBOGEN

IMPRESSUM

FOTOS: frechverlag GmbH, 70499 Stuttgart; Fotostudio Ullrich & Co., Renningen
DRUCK: frechdruck GmbH, 70499 Stuttgart

Auflage: 6. 5. 4. 3. 2.
Jahr: 2011 2010 2009 2008 2007 [Letzte Zahlen maßgebend]

ISBN 978-3-7724-3451-8
Best.-Nr. 3451